Phana

DAMIÁN PADILLA
Phana

bokeh ✳

© Damián Padilla, 2016

© Fotografía de cubierta: W Pérez Cino, 2016

© Bokeh, 2016

Leiden, NEDERLAND
www.bokehpress.com

ISBN 978-94-91515-57-6

SUP / *contra-é*

Un practicante macho prometió, después de un gran silen-
 cio, restregar su phana
diariamente contra mí.
Diariamente con devoción.
Contra mi cara, contra mi pecho, contra mi médula, con-
 tra mis nalgas, contra
mis muslos.
Diariamente hasta salvarme o morir.
Un practicante macho es un ser de Dios –phana restre-
 gada–, que sabe lo que
meto diariamente.
BLOW
CAKE
MOLLY
EXT
ACID
HTC
POPPERS
G
PHANA
La phana de un practicante macho no me encierra, ni me
 asusta.
La phana de un practicante macho no me abstiene, para
 un practicante macho la
abstinencia no es suficiente.
El saber no es suficiente.

Una promesa no es suficiente y me agacho.
Agachado espero la phana.
Agachado no hay perdón.
De pie menos.
En cuatro satisface, pero no cura.
De pie, los bombillos se funden, pulsión de simulación
que dilata el ojo.
Gran silencio que como phana histórica, responde:
Los bombillos permanecerán fundidos para siempre.

STAY SEE / *mimi*

Bocarriba porque no la volvería a ver.
Bocarriba como duermen todas las que saben morir con
　　ganas.
Bocarriba por co-me-can-de-la.
Bocarriba con bandera.
Bocarriba con medallas.
Bocarriba caja comunista que no cargué hasta el hueco.
Bocarriba reteniendo el orine porque no hay cuña.
Bocarriba escojo arroz desde el año 1923 sobre la misma
　　mesa.
Bocarriba una cinta se resbala detrás de lo que era.
Bocarriba una cinta con talco, detrás de mí que era –hijo
　　aparato–, resbalando
desde ahora.

SELFISH / *pollice verso*

Con la cara tapada empiezo a escribir, sin ser real a la vista,
de lo que inmediato existe y no me conforma.
Por qué no lo volvería a hacer?
Arriba, estoy arriba.
Las hojas de Nepal resisten.
M. Mondo high, límite que resiste.
Asmático de niño, orgullo la cucaracha blanca.
Asmático como ella, contracción pícame ahora.
UN ADICTO NUNCA DEJA DE CRECER
Ayuda, necesitas ayuda?
Me destapo la cara, M. Mondo se sienta.
Resbala de la nariz, resbala de la nariz y se queda.
Arqueadas.
Arqueadas.
Arqueadas.

No era bonito pero leía a Foucault.
Su barba se encaja sin miedo a la mierda.
Sin miedo al humo, síntesis gozosa.
El humo y la mierda encajan perfectamente delante de mí.
M. Mondo goza, y le extiendo la toalla.
M. Mondo se tuerce.
Lo acaricio sin quitarle la ropa.
Nada ha tocado las venas, ni el pez en la superficie fatiga.
M. Mondo en la superficie contrae al gran ESPECTADOR
    INOCENTE.

En la superficie quiero quedarme lelo.
Ahora?
Ahora caen las cosas con estruendo.
Los vecinos sienten mi olor cuando la puerta está abierta.
La silla siempre cae.
La silla es para ti.
Lo desnudo.
Lo siento.
Le doy mis pies.
M. Mondo come, el espacio es amplio, y todos preguntan
   lo mismo.
¿Te cabe?
Aprieto las rodillas.
Zarandeo mi garganta.
Déjame hacerlo, escupo.
Déjame agua, después da lo mismo.
¿Te cabe?

Escribía comedias pero estaba enfermo.
Límite que no ondula.
Límite que imaginaba tibio.
Lo siento, en realidad lo siento, en realidad la silla y el agua.
HE CON TRAE
De lado es él, es él atrasándolo todo.
Después es agua, después la luz va y viene
HE HE es HE HE.
Manos sin ganas ni antecedentes.
Mucho peso el lugar.
Mucho peso la gente.
Boca de vidrio que rectifica adentro de él, es HE.

El que mira y se toca es HE.
3 de septiembre de 2010, M. Mondo pregunta.
¿Volverás?
Y él real, ante la aduana, hipersensible, de labios cerrados.
(y lo bien que se desplazaba)
Aprieto el puño, aprieto la cabeza, apretar apretarse.
Cum Co(a)rtado.
Sin mirar le beso las axilas, no están cortadas.
Las beso y lo dejo ir.
Nada viene de la gente.
Nada viene de afuera.
Nada viene de M. Mondo.
Ni dinero.
Ni medicinas.
Ni mensajes.
¿Conocer?
Si me aparto me voy a conocer?
Me conoceré en mí?
En la gente?
M. Mondo se aparta de la casa.
Se muere sin querer, lo que en un tiempo será apartado.
HEart ArRéT, a-parca.
Sin ropas subirás a un edificio.
Desde afuera nada se ve.
Vende tu cobertura tornasol.
Al partir?
Ya nada se siente.
TURN-ON
Sí, es hoy.
Todo el día y es hoy cuando hablas.

Lo dejo entrar.
Lo dejo conocer mi dolor que proviene de un dolor que
no es mío.
Un dolor que le da pena el regreso.
Un dolor mártir.
(sobrepeso los años fuera de lugar)

El dolor ni se va ni viene.
Un quiste en la lengua, de nacimiento.
CUANDO UNO DEJA DE CRECER EMPIEZA A
MORIR.
Te dejo dolor.
Te dejo toco.
Te dejo veo.

Ante un cuadrado vacío abro la boca y saco la lengua.
Nudo de Lacan enamorado.
Mariposa anestesiada y obediente
No la conoces pero es tuya.
M. Mondo ha comenzado a seguirte.
Comes y se cae.
Punto acendrado, ni la silla ni la gota ni ella.
Desnudo frente a mí mismo, el quiste.
¿Te cabe?
Lo caído que te busca entre las postillas.
Te deja ir, darla.
Conoces a tus ojos cuando se van?
Una puntada tras otra con traigo.
Una puntada tras otra con traje.
Tu voz?

Con traída.
Con nada.
Sin cera.
Se derrite subiendo la punta, lo único que importa.
Si se conoce la punta, jugando en la entrada con el dedo,
se conoce el resto del cuerpo.
Sales y entras
Qué pasa, lubricante a base de aceite.
La nada tiene estructura.
Sabes que existe la estructura porque no estás solo.
Sales y entras.
Silencio.
Lo haces todo en silencio.
Puedes caer.
Estás en la punta de un edificio y puedes caer.
1988
Caído, puedes imaginar?
½ muerto ½ vivo
«frente al panel de los expertos»
¿Te cabe?
Sin poder.
Sin argolla.
Una voz sobre otra voz, me siento.
Voz que se mantiene inquieta.
Con los ojos cortados aguanto el orine.
BESO O DEXTROSE
El estómago se contrae delante del tiempo.
El tiempo qué es tan falso como mi corona.
Churroso se encrespa y me paro.
Cierro los puños y me golpeo la cabeza.

Mis puños cerrados se orientan.
Mi cabeza golpeada delante de OREO.
Fondo verde y líneas negras.
Marcados dos ojos blancos.
Churrosa la transparencia?
1988
½ vivo ½ muerto
Exhibo mis calzoncillos Versaces arrodillado en la cama.
On line.
Cama suspendida donde me acaricio la barba con vicio.
Abro la gaveta.
Entro y halo.
De qué se compone la osamenta, la picazón, la suavidad.
Primera línea.
Simula que es la falta de oscilación.
detrás de lo blanco
blanco
Estás en Le Monde, sabiendo que del otro lado SAB flota.
Abro la gaveta.
½ Muerto
½ Vivo
½ Falso
½ Stoned
Por qué la culpa en las costillas desgastadas?
Hielo contraído a la orilla de los chillidos.
Qué es un año y qué soy yo?
Qué es coronar al ESPECTADOR INOCENTE en mis
    brazos?
La dificultad de mezclarme con Me/hombre.
Obedeciendo el instante invisible.

Abro la gaveta.
El papel y la porcelana.
Cierro la gaveta.
Adiós jueves turquesa.
El metal aprieta el cartílago.
Finge la punta.
Finge el hueco.
pues no somos uno
sino dos

E   S   F   A   L   S   E
S
F
A
L
S
O
Lo que imaginas es falso.
Sobre la tumba M. Mondo.
Sobre la tumba un poeta.
Cuadrado negro sobre mi cabeza, más colgada que moderna.
Estira la espalda, dice el cuadrado.
Voz negra expandida:
                    y debajo
                         under yo
                              submissive.
Estírate sin mirar.
Nuevamente, tiene que ser mejor.
No he comido, no sé el nombre de la máquina,

pero me hago el que sé.
Me estiro.
Es simple, dice el cuadrado.
No puedo mirar.
De reojo desaparece lo simple.
Se ríe la lengua.
No es simple, es funny.
¿Te cabe?
Mi lengua pasiva.
Lengua pedante que desprecia.
CONTRACCIÓN DEL ORGANISMO Y EL REM-
    PLAZAMIENTO
Y la perra, la mierda, el ser fuerte.
Se confunde y se repite la frase.
Repite.
He caminado para escuchar.
RE-PI-TE
Nadie te va a escuchar como yo.
He caminado.
Soy capaz de escuchar la reverencia al abrir la puerta.
Me contraigo sin alzar la voz.
Rabo del ojo todas las caras.
No dejo que vea mi cara de poeta en la tumba.
Los dedos de los pies en el muro, delante del sobrepeso.
CON TRA(I)GO
Soy poeta y quiero que pique.
Qué funny, y sostiene la máquina con los guantes puestos.
Es un culo lo que picas, so it goes.
El cuadrado en silencio.
¿Te cabe?

Lo que representas en silencio.
¿Te cabe?
Lo que representa el nombre.
No te comportes pedante.
Repite la frase nuevamente.
Del modo como resulta ser propio de nuestro tiempo.
Desnudo.
Detrás de la puerta, abro el frente.
Dejo ver las bolas plásticas.
Colgando.
Dilatando.
De frente me las saco.
Photo.
Borde.
Camino.
M. Mondo abstraído cae.
El abrigo cae.
El agua cae.
El cuerpo no se eleva.
Disfruta un dolor conocido.
Arriba los ojos hundidos, empinados recibiendo.
La mano acaricia la barba mojada.
He caminado, lo puedo hacer mejor.
Se levanta el abrigo y se levanta el agua.
Se levantan las rodillas.
¿Te cabe?
Contraído.
Ensalivaste (y) no pudo entrar.
Se vira y se vuelve a abrir.
Cuando abro las piernas, qué ves?

                        76
                75
74
Estoy en el piso 77.
Desunido.
Todos los días lavo cabezas.
Todos los días el cuerpo tiembla de la punta a la base.
Intervalo del casquillo que cae.
No oscilo.
Clama la calma.
ÎLE
No es tan fuerte, pero aún así convulsiona.
Ida clama.
Y la palabra ida, clama:
            dónde
                    dónde
                            dónde?
A la nieve que lo cubre todo.
Esqueletos con bazuco.
Nos da tiempo hacer la toma.
Esqueletos con perico.
Y la luz?
Tirando no la encuentro.
Esqueletos fucked up.
¿Te cabe?
Encima de la nieve clamo.
Masajeo todo lo que cuelga.
Lo que fue carne y ahora corre por la nieve.
¿Te cabe?
La culpa.

El otro que es igual.
El otro que camina y no lo dejas colgar.
Lo que se estira en el vapor.
Las coyunturas peladas claman.
Los labios es lo único que no entra en la parafina.
Caen imperceptibles en la toalla.
La acumulación se confunde.
Entro antes de olvidar.
Hazlo phana.
Hazlo poeta.
Qué suena si otra vez lo olvidaste.
Por qué pienso que puedo escribir, cuando lo único que
    tengo para ofrecerte
es un condón de menta y chocolate.
Lo mismo que está delante de mí.
Inexistente
El brillo sobre la tumba cuando obedezco.
M. Mondo chupa mis pies.
¿Te cabe?
2 pies virados.
2 heridas de 7 puntos abiertas.
Una silla.
Una silla que se cae.
Tambalea, ella ella, no la silla, ella.
M. Mondo frente a las 2 heridas de 7 puntos abiertas.
Vestido de blanco abre el cuadrado.
Mira el piso, la humedad que ella no ve.
Mis ojos lelos ven.
Como se deshace cada puntada.
Las heridas no salen del cuadrado.

Mis ojos debajo del brillo abiertos.
Patinando.
Sin encontrar el TURN-OFF.

M. Mondo cae.
Nadie mira.
Una estatua puede dominar mi cabeza?
Lo preparo y lo necesitas, pero no se te ocurra,
no se te ocurra mirar la pirámide.
No se te ocurra sacarla.
Lo tienes que hacer suave para que dure.
Salgo churroso como él, con su pullover y su corona.
Salgo de la tumba.
Salgo poeta.
¿Te cabe?
No sé, es lo que siempre responde.
Ella mira, que desde entonces está sentada en la silla.
No sabe.
El cuadrado se abre.
Inmóvil repiten los cuerpos que contemplan.
Ahora que en cada extremo se hace lo mismo,
¿Te cabe?
El tiempo que pasa brillando, sin recordar que por la noche
    bajas y salgo
descalzo.
Me tiro al mismo lado donde desaparece el brillo.
El cartel sin letras representa por donde no debe entrar
    mi palabra.
La front door se abre.
Descalzo me tiro.

Desaparezco como el brillo y el techo abierto.
Desaparezco por voluntad.
Dentro de mí pasó noviembre.
La cercanía desarrolla la voluntad?
Me quito el vestido y las botas.
No hay sirvientas detrás de la puerta esperando para besar
    mis manos.
Puedo morir en el año 2035, pero tal vez es demasiado
    tiempo
para que la voluntad esté debajo del brillo.
O de mí.
Demasiado tiempo sin unos perfectos huecos en los sesos.

Bajo el mismo cielo soy ahora la comida sobre las manos
    que quieres.
Entras.
Es ahora lo que haces, lo que olvidas.
Lo que salvaje escupes.
M. Mondo abre la puerta sin olvidar la fragilidad, de lo
    que nace
cuando escupo el borde.
¿Te cabe?
Arriba o abajo mis cristales tornasoles.
Aguanto en mis pies una verdad.
El filo de una pared que no me conmueve.
Una pared que no quiero escribir.
émbolo brillante y engrasado
Quito el gancho lejos del frío.
Lejos del hambre.
Lejos del sentido de tu razón.

¿Te cabe?
La llamada perdida que no tiene nombre.
Una generación de lejos abre la puerta.
El brillo se chorrea por el marco.
La nariz que conoces, imaginario que sobrevive sin coger
    lo que considera
instante real.
No puedo aguantar y me abro.
Pasa uno.
Pasa otro.
Y la bandera alzada sin querer sorprender.

LOOKING / *masc for masc*

No into besos.
No paso la lengua a otra imagen halando.
Descargo mis teipes.
Con tus manos me aprieto el cuello.
Empujo tus manos negras.
Empujo mi negación.
La supervivencia es la phana que no me aleja.
La phana es por siempre.
Puerta bocarriba donde no cierro los ojos.
Voz que minuciosamente pide: espíritus del agua.
El practicante macho restriega su phana de frente.
En perfecto balance.

Sab / *ombre*

En la espalda, el desgarro había caído en la espalda.
Apartado del quicio manoseo los cabos.

> *Sólo los cristales se rajan,*
> *los hombres mueren de pie.*

El tren continúa, carraspeo.

SAB dice:
        Es una promesa.

Todos nos dejamos de ver y nos dejamos.
El cuarto está en la esquina, el día.
Azota que quiero abrazar lo que allá va entrando.
Sin máscara lo que no es verso ni existencia.
Lo que tiembla en mi cabeza que no mira.

> *Si nosotros hubiéramos sido de barro,*
> *Si nosotros hubiéramos sido elaborados con clara de*
> *huevo.*

Existe una escalera a la hora del silencio, de lo que sale
        inconsistente.
Regresa a la cama.
Desnúdate.
Deja que todo quede en las uñas.

El abismo, la Gillette, la cara expuesta a la hora de sentir.
Puede que pique.
Puede que lo recuerdes.
En la espalda corre.
En la espalda se queda.
Lo menos que quiero es doblar el cuello.
Regresa a la cama.
Abraza que no te han descubierto.
El cigarrillo cae, entre los dedos la ampolla.

SAB dice:
        Es un simple fondo.

El viento no suena cuando no eres, cuando vuelves
a caer en la misma ridiculez
de obedecer.
Innoble todo regresa.
Una puerta y una ventana, metálicas.
El fino es para mejorar la espalda muerta.

SAB dice:
        2 semanas o 3106 km,
        y aún bajo la misma luna.

        Y para arrebatarnos lo que tenemos.

El brazo derecho de SAB es de su madre.
El brazo derecho de SAB es de la patria.
El brazo derecho de SAB espera con las cajas llenas.

Quiero una palma en el derecho, en la voz que duerme en
    la orilla que no soy.
Exponiendo su brazo derecho

SAB dice:
        Aquí preparo mi muerte.

Ya partida la cascada sin mi grito, sin el manoseo de mi
    barba.
SAB lee de pie, mueve sus manos de poeta que no conocen
    las mías; que
desde abajo imploran.
No conocen mi rostro, ni mi jugo de noche.

SAB dice:
        La noche es otro rostro.

La Villa, La Villa que el alejamiento otorga.
Creíste en el otro con círculos rojos tapando.
Armadura funky que como la ridiculez te separa de la
    guerra.
Para lo que sea, azota que mi espalda dispuesta se empina.

SAB dice:
        Más duro.
        A mí más duro.

        Hueso contra noche.

Asegurándose al pedir del sentido poético.

Debajo de la ventana aún queda claridad.
Los muslos de los poetas no responden, todo el silencio
    está en ellos como
núcleo.

Primero se hundirá la Isla en el mar.

El lado que siempre duerme.
El lado de la tabla que fija me golpea.
Tamaño perfecto para mi brazo derecho que pide palma.
Del mismo arroz comeremos esta noche.
Ajustadores de franela me pide mi madre.
Ajustadores de franela no existen en la patria.
Ajustadores de franela ahora quieren mis brazos.

SAB dice:
        Es abierta.

Es otra talla, lo que al lado del ser es el regreso.
La Villa se mira al espejo, caída se contempla retardando
    el final y se asusta.
La manoseo y se calma.
Ciego caliento el plato y no bailo.
Escribo:
        no soy isla, no soy boca, no soy tú.
Las manos que fabricaron mis hojas son ahora manos
    muertas.
Las manos que no resistieron el peso de los escombros
    ahora son las manos
que resisten el peso de lo escrito.

Quien se arrodilla ante el hecho consumado.

Directo al higo que en silencio muerdo.
Soy una balsa, me arrastro para ver la onda, otra vez la
    ampolla.
Ahora encima del convencimiento de ser agua en otro
    espacio que arrastro para
verme.

SAB dice:
    MARISMA

El brazo derecho al horno no es el final.
El brazo derecho se desprende.
El brazo derecho corre.
El brazo derecho vuelve.
No lo encontrarás en La Villa, ni en el silencio que inma-
    culado se arrepiente.
Contra el piso la espalda.
Despierto, sin vacío corro por ella; tan mía que no suda.
Sólo el vacío arde en el cuerpo vacío.
Vacío de otro que no es ridiculez ni culpa, sobrevivencia
    a la lengua que
encadena.
Sigue despierto y haz el recorrido.
Vuelve con las manos vacías.
Vuelve con tus manos como instrumento.
El insomnio no es prejuicio en la nueva fe.
Baja.
Pedalea.

Ve por la misma rotonda de antes.
La espalda se retuerce en el lanzamiento, que en el recorrido también calla.
Lanzamiento al propio vicio de contemplar al cielo cuando no hay nadie debajo.
Ni la boca vieja se desplaza por la estatua.
SAB dice:
> Habla de mí en serio.

El pecho, formado delicadamente casi como un dibujo, desde arriba me
desplaza.
Otra parte o él diciendo lo mismo.
Para llevarte dame vueltas, quítate la ropa que el agua no convence.
El manoseo no convence.
Ahora chupa, chupa completo el convencimiento en la belleza.
Brazo derecho que al final del día lanza la basura.

HUNG / *vers*

De caída, mis teipes detienen el contacto con el practicante
    macho.
Hombros pinchados.
Cayendo, cuido el lente pretendiendo un gesto suave.
Cabeza oculta que vuelve.
Mártir pinchado.
Gesto suave que ahora decae, cuando el cuerpo pide dejar
    la imagen.
Cuando la mente pide phana, el cuerpo pide que le aprieten
    el cuello más duro.
Que lo aprieten contra la pared para venirse.

Cum / *juvenal*

pollice vulgus cum iubet

Oscura en su reflejo la vanidad toda, donde sonriendo me
    desplazo
hijo de una sola lengua.
El suplicio del ícono y el suplicio mío, luz que resalta
en la deformación de mis manos queriendo salir de la
    historia.
Luz que resalta en el chorro.
Luz que da lo mismo.
El suplicio del poema, suplicio del suplicio real.
Suplicio de él, que vuelve a llenar las botellas
sin ánimo de la misma boca.
Noche y día.
Cuánta similitud mimetizada en la sangre que compar-
    timos.
Realidad y sueño.
Suplicio que baja por los muslos.
M. Mondo contempla, baja en azúcar la mirada,
la caída horizontal del cuerpo que suplica.
Él, botella en mano, suplica el nombre en el agujero.
Suplica dentro de su poema.
Reflejo oscuro del flash, el exceso dilatado.
M. Mondo viene a la luz con huesos empastillados.
El humo camufla la palidez de sus muslos.
Me asomo.

Imagen de espaldas que suplica.
Manos agitadas.
Bolsas de nylon agitadas.
Todo en la razón descolorida.
A la razón le da lo mismo el poema.
A la razón no le da lo mismo el progreso.
Progreso de escuchar otra música.
Sueño y realidad.
Mis manos agitadas, suplicio mío que las ve en su hedor.
Mis manos que son de él.
Suplicio de mi suplicio real que no son poema.
Noche y día.
Me hundo dejando el espacio quemado.
Suplicio casi indetectable, que sin ser poema repugna.
M. Mondo observa el hongo.
Pestañea.
El progreso se para.
M. Mondo, cabo que es, se para.
Suplicio del progreso, suplicio que con placer intenta impe-
    dir mi reflejo.
El progreso pestañea.
M. Mondo no se aleja cuando las cortinas se humedecen.
Al unísono todos los muslos se levantan.
M. Mondo ahora quiere llorar por su progreso.
Suplicio del sueño que, gemido en boca, resucita de la caída.
Botellas llenas a la vista de todos.
Rajadura seca demostrando el aguante.
Noche y día.
Súplicas invisibles ante la pérdida.
Empina la espalda y no vayas a ti.

Olvida que la imagen es tuya.
Tos ajena que persigues.
No es luz, ni caída el cierre.
Suplicio del sueño nunca dicho.
Mal alejamiento que controla el espasmo.
Sobras caminan con el progreso.
Agradecidas y calmadas sobras que retornan.
Rajadura seca demostrando el aguante.
Sueño y realidad.
Mueca preestablecida del ser real.
Muertos bajando al progreso.
Mártir progreso.
Cortados los lados, lo necesitas?
Suplicio real que me impongo.
Agitando las manos.
Suplicio del poema en mi espalda.
Suplicio de mi suplicio real, que se masturba al cerrar la
    puerta.
Suplicio que es poema:

SUPLICIO / *I'm umlimited*

La espalda, guiada por la correa al conducto rojo, ondea.
Erguida en la paranoia la mueca establecida.
Habla sobre la necesidad de alejamiento del escritor en
    sus arrebatos,
afirma y suplica el poeta de Queen St West.
Habla sobre la calma que deja, afirma y suplica el poeta
    de Dundas St West.
Soy de aquí.
La espalda desaparece.
La idea desaparece.
El banco mojado desaparece.
Spanish girl, conducto rojo tapando la lengua.
Todo se revira.
Poesía, ese hundimiento del progreso.
Chapita bondadosa, poética como la parra.
Recaída en la inocencia de no llegar.
De crear la muerte cuando te asustas en la calle.
Sobre la cabeza en declive la hoja poética.
Spanish girl que se tambalea, la ofende.
La parra la ofende.

CUNT / *unzipping*

Mimi, bocarriba, me mira.

El practicante macho, en su restriegue, susurra:

—para qué vas a entrar, si creer en la mentira es el sentido
    frente al nuevo

n(h)*ombre.*

Mimi, bocarriba, no oye lo que se habla y susurra:

—no vas a parar de fumar?

Me quedo quieto en el círculo donde puedo caer y susurro:

—no voy a dejar que un practicante macho me arrastre a
    su historia.

El círculo vibra y se expande.

Hecho hueco que sin llegar a ser, se piensa escrito.

Hecho aparato en el refugio.

Hay que hacerte un seguimiento, susurra el practicante
    macho.

¿Seguir lo que se convierte en existencia, cuando la iden-
    tidad misma es parte

del aparato?

Pregunto de rodillas, boqueando.

Mimi, bocarriba, sonríe y susurra:

—somos independientes, quién nos puede juzgar.

Sea / *pollicem premere*

La esterilidad es de la misma magnitud pura
que la carencia de lenguaje entre los lados.
Ni WhatsApp.
Ni Messenger.
Ni un espacio guardado en Dropbox.
La misma esterilidad pura es carente
delante de las realidades que cambiamos.
Saldrás del balneario despeinado.
Estirarás el cuello, las clavículas.
La legalidad de sentirte tantos en la entrada
al aire donde prefieres llorar.
Se arrodilla y llora el sentido estéril.
«Obligado a volver antes de perder los derechos»
Titular que acompañaría su salida.

Voy a buscar un muro para posar.
Afuera
después de tanto llanto.
Voy a vivir estéril contemplando la falsedad pura.
En los brazos de M. Mondo.
En los brazos de la Babita.
En los brazos de los adoquines patrimonio de la humanidad.
Adentro del balneario contemplan una enorme muñeca
    de trapo que se alza.
Antes de la explosión nadie se consideraba estéril
menos almas puras.

Sin mí hablan de Virgilio.
Afuera del balneario se arrodilla y llora.
Sin mí hablan de Miyazaki.
En el aire se arrodilla y llora.
Sin mí hablan de nación.
En sus brazos se arrodilla y llora.
Tuerce varios gramos de la realidad estéril.
El poeta adentro del balneario sin ser real, mucho menos
    puro.
El de adentro escribe.
El de afuera no responde
Desde la esquina, a vuelo del objeto estéril, escribe.
Desde la barra, bolso que encubre la legalidad estéril,
no responde.
Llora y se pica la lengua.
El de adentro escribe para someterse al hombre que va a
    tocar.
El de afuera no responde para dilatar el salto.

Despacio, dicen al aire.

Él se fue.
No se sabe nada de sus libros.
No es famoso, dice el aumento de la madre.
Ni Patria, ni Villa.
La madre como realidad pura de los lados.
Lo eduqué y nos caímos juntos, dice al aire.
La esterilidad grita.
Los ojos del poeta asienten.

Quiero posar ahora.
Coloco el bolso en el suelo y me siento
como si nada transcurriera.
Grito dejando mis manos quietas.
No escribiré de él, no todo lo bello se empapa.
Estoy afuera, responde.
Poso y nada cambia.
Me arrodillo al pelo.
No es amor la palabra frente a la sombra estéril.
No hay palabra pura en el desvelo.
Ni obedecimiento de los lados en los que reinvento el gesto.
Clavículas.
Rodillas.
Aire llevado a polvo.
Palabra pura que arrebato en la noche.
Imagen del susto mío también estéril.
Corta.
Demora.
Otra vez la caída en una ciudad que nos hace solos.
Con miedo del abrazo poso.
Viene el sueño.

Sin cabeza.
Sin mano.
No hay dibujo que represente.
Nadie sopla.
Nadie apunta.
Las pastillas lo serán todo.
Confianza.
Confianza.

Salí para estar muerto.

Vuelvo por debajo de todo lo que me hace mentir
incrustándome un lenguaje que guarda el miedo.
Vuelvo por debajo de todo lo que me hace mentir.
El roce de las salas oscuras
donde el vapor de los practicantes macho me ve recibir.
Pasivo el fondo.
Pasivo el gesto.
Placer agónico del lenguaje.
Neblina verdosa.
Esterilidad pura que desborda mi pose.
Verso puro que se defiende.

Dentro del balneario cada pierna se encaja en el borde.
Las dos sillas se estiran.
Cada pierna se sostiene del encaje.
El ojo del poeta se descubre.
Empinado.
De frente a las bolas lubricadas.
El cuchillo y la esterilidad entran y salen.
El papel se mancha.
Al ron se le va el espíritu.
El ojo del poeta se mantiene dilatado.
M. Mondo enciende la luz negra.
Negando la iniciación y el «usurpamiento del alma toda»
No puedo escribir así.
La lengua pura no es la sombra de mi dolor.
Ni lo que soy capaz de ser cuando me escondo en ella.
Ciego, confundiendo al otro.

Estéril es el terreno.
Sumiso.
Sin nadie en la cama.
Ni clavado en el cielo de afuera.
La cara choca contra la pared.
Contra mí el nuevo sonido de la esterilidad pura.
PLÁ PLÁ PLÁ
Contra mí que no soy capaz de limpiarme.

No están llenas las plazas.
Ni mi cuarto.
El polvo menos.
La sombra de la cabeza
cristal blanco estirado en mi cama.
Sombra cabeza blanca, sin pelos.
La sombra de la cabeza de Jean Cocteau
(rodilla pura, pelada),
revalidación estéril del abandono.
Afuera, continuación del llanto y la cocina.
Cáscaras de manzanas antes de ser basura
realidad estéril que muere estéril en Yakushima.
Renuncia escrita:
«Posando en un parque programado para completarse en
    el 2018»
Titular que acompañaría la salida.

HUNK / *selfless*

Todo
El
Tiempo
Puerta
Rota

Es mi culpa.
Pronuncia el nombre.
P-H-A-N-A
Poema roto que envejece en el ride.
Trompeta almost rota, poema give ahead.
Olor rompe.
Olor aquí no me vengo.
De este lado lenguarrota piensan en el amor.
AMOR bemba anestesiada.
One Million.
Spray que disimula.

Todo
El
Tiempo
Contra
El
Aparato

El tiempo que pronuncio diferente.
El tiempo del nombre.
El tiempo que nació para mí.

BANG BANG BANG

Todo
El
Tiempo
N(h)*ombre*
Que
No
Viene

N(h)*ombre:*
PHANA
Una sola persona para todos.
En mí.
Una sola phana.
N(h)*ombre* naked.
N(h)*ombre* deber del tiempo.
Mártir que no se viene.

Só / j-ámame

M. Mondo camina con su phana en estado puro, y cruzo.
Cruzo con mi bolso, mis gafas y mi iPhone.
Todo se penetra, 17 segundos disolubles.
17 tiempos para cruzar.
La cabeza, cielo limpio que de lado cruza.
Las manos, sombras de vida, en las axilas.
El aire, inmensidad vacía de las cosas, en las cosas.
Debajo del puente, un túnel abierto.
Pasa un tren.
Pasan carros y un avión aterriza en Hamburgo.
Por la boca mueren el pez y mis huellas.
M. Mondo, muerto, cae del cielo.
Con calma delante de Me/hombre.
Dream Trance caído, espacio siguiente donde soy de noche
el mismo de todos los días.
Mareo ante el ser singado.
Phana ante toda alteración.
Carretera tras sueño.
El sonido del GPS en mi cabeza.
Exit right ahead/Exit left ahead.
Damos vueltas en el mismo lugar.
Con pánico.
Adaptables.

M. Mondo, agachado encima de la silla, provoca.
En cuatro me pide el YO.

YO en realidad existe?
YO toca y pico.
Hay posibilad para un poema más?
YO lo dejo libre y pica.
Eso implica escribir, susurra Mimi.
M. Mondo piensa que no soy capaz.
Lo muerdo y se arquea.
La phana corre por las patas del practicante macho.
El practicante macho es capaz.
Salpico las esquinas, y todos aparecen
en la retórica del mártir.

La primera noche me resbalaron las rodillas.
La segunda noche me coloqué de frente,
y pude comerme su phana escrita –agachado–,
en la no existencia.
Fuga del cuerpo/Fuga del aparato.
Sin saber que eso es el placer.
La phana entrando y saliendo de mi boca.
Phana histórica/Phana restregada.
Te gusta la phana, pregunta el practicante macho.
Me encanta la phana, le respondo sin pensar en la exis-
    tencia.
La phana se chorrea por su espalda, por mis pies virados.
Quieres más phana?
Escúpeme ahora, respondo estancado, sabiendo que
el desasosiego es hambre.

I'm hard now, escribe M. Mondo, y baila delante del espejo.
Me seduce con su acento, hijo de una sola lengua.

(Mamalocha cuida esa lengua que el ron no está del todo
   consumido en la entrada)
Cierro la cortina y me agacho.
Toco la campana.
(Mamalocha you are very romantic, the live is very expen-
   sive)
M. Mondo me lleva, me da ron.
YO pide, asegurándome, escrito en él,
que abrirá fácil en el trillo.
YO dispuesto a todo.
YO traga.
YO abierto de piernas, es inevitable.
Pleonasmo de la sed.
Pleonasmo del n(h)*ombre* en la misma agua.
You're free now?, escribe M. Mondo.
En el cuero / En el cuero / En el cuero.
Por el cielo pasa un avión, lento.
En la tierra está la misma humanidad de siempre,
Fingiendo.
YO/go resiste.
M. Mondo en el cuero, sembrado.
En la entrada han sembrado un árbol que debe resistir.
Me subo al árbol.
Me resisto encima.
Dios puede estar cerca, dentro de las botellas de agua,
peut-être.
Resistencia demasiado alta.
Roja / Cuadrada / Madreperla.
Miro al cielo y el avión desaparece.
Miro a la tierra y estoy solo.

Invertido / Fumando / Singando.
YO/pig resiste.
M. Mondo sobre el cuero, humano, escribe.
Miro al cielo y a la tierra al mismo tiempo.
Miro a SAB que nació 100 años antes
que la resistencia a la vanidad de los lados.
Miro al mártir, arquedas.
Miro a la humanidad que aún no ha cambiado.
Enciendo una vela a M. Mondo.
YO/alumbro.
Su alma es una orquesta oculta.
Cuerdas & Harpas.
Timbales & Tambores.
Dentro de mí.

Abro la fenêtre.
Espero que baje.
Orinar dentro de un practicante macho,
es casi imposible.
Espero agachado en la fenêtre abierta —mitad villa—,
la mirada de Dios.
Ante la fenêtre YO, entrando más en un personaje que
    en otro.
Voy a limpiar, susurra Mimi.
Fragmento / Fragmento / Fragmento.
El pensamiento se hace daño.
El practicante macho se asoma, nada le basta.
Un practicante macho aparecido, no besa.
Un practicante macho aparecido te coloca de espaldas
    aunque no quieras.

Te abre las nalgas y te toca.
RAW   RAW   RAW
Toque seco.
Sin saliva.
Sin argolla.
Sin nación.

M. Mondo atrás, noción confusa, pide phana.
Phana, noción confusa, que se restrieguan los hijos
de una sola lengua.
Le abro las nalgas con mi mano.
Nada repugna.
Nada que los muertos gozan.
Costillar / Espinazo / Cambré.
Dios con la boca abierta, goza.
M. Mondo baila en el espejo.
M. Mondo baja.
Miro el pliegue de su espalda, caída ahora.
Miro su cara maquillada, reflejo mío en diferentes posi-
ciones.
Miro mis manos, esfuerzo inútil, escribiendo toda la phana
restregada.

Salgo (calle nueva), y aspiro fuerte.
La carne toma sentido.
Años!
La humanidad con migajas mías en las nalgas
caminando.
No miro.
No todos miden 1.70 cm como él, y pueden

ser el n(h)*ombre*.
Despido a la humanidad como personne,
persona, pessoa.
Desnudo cierro la puerta.
El techo suena pero no son olas.
Intervalos de calma.
17 segundos ida y vuelta.
Se rompe el techo.
La carne del mártir duerme con mi carne
sin morir hinchados.
Comemos en la entrada.
Con sangre.
Con ron.
Con sueño.
Aflojo la muñeca delante del practicante macho.
Cuento las estrellas en medio de la acera,
debajo de una manta.
Ni trémulo ni frío.
Muñeca floja que suelta el cabo.
No importa que queme, importa que sea tarde.
Todas las esquinas cubiertas de mosquitos.
Mis pies picados.
El practicante macho insiste en ver mi vómito.
Bajo el escalón.
Dudo de mí y del pasado.
Ha cambiado la posisión del espejo
y de las calles.
La rabadilla de la humanidad no existe.
Nada corre.
El practicante macho escupe y nada corre.

No entra del todo y escupo.
Nada sostengo y volviendo a escupir entra.
Todo se olvida hasta saberse solo.
Nadie llega de la misma forma a ras.
Ni toda la palabra se me ofrece,
sólo lo que algunos han dicho.
Con medias altas no limpio las esquinas.
Paño seco por la rabadilla.
Paño ahora que todo es tanto.
Ojeras y pliegues.
YO no escribe.
Todo es tanto que podemos mentir.
Los teipes queman el cuero.
Cruzo las piernas.
La carne duerme.
Puedo continuar o disminuir, pero todo es tanto
que me miento y obedezco.
Enciendo una vela en su n(h)*ombre*.

Estar encima del contén, sin una salida prestablecida
es lo que diferencia mi pánico del pánico de la humanidad.
Me parqueo en silencio, 100 años después de la muerte.
M. Mondo corre sin camisa.
Lo contemplo disimular el frío y la casa.
Dejo ver mis venas ante el practicante macho.
Barba muerta.
Rincón donde me dobla el mareo, sin demostrar el deseo.
17 segundos deformados y en silencio.
Puedo expulsarlos o dejarlos descomponer.
Entrando el hecho en relación

a la posición y uso de mis dedos.
Cierro la puerta que me aparta.
Calle blanquecina.
Me desnudo delante de otra puerta que abro.
Pasarán 100 años y puede que recuerde
cuando me preguntabas
cómo es un hombre en otra lengua.
Pasarán 100 años haciendo no hacer nada.
Muerto como mi barba que crece.
Solo.
En cuatro patas enterrándomelo todo
delante de una lengua muerta.
SAB sin camisa corre buscando mis palabras.
Conozco la salida como el hambre
y el desasosiego.
El practicante macho me carga desnudo.
Con rabia me sube.
Con rabia me arquea la espalda.
No respiro.
Cayendo en el único contén que es mi cabeza.
YO para todos los que se acercan
las mismas ganas.
Me babeo mientras miro la primera herida de mi cabeza.
Sin sangre y fría como la adaptación a la muerte.
M. Mondo, cuerpo que se ha formado vacío,
vulnerable a la palabra no vista.
Palabra phana.
Me cierro.
Me quedo frío.
Indolente como el nacimiento.

Solo, sin tapar la espuma.
Comiendo por necesidad lo que ya he sido.
Lo que tiro sin fuerzas.

El sabor ácido de mi boca me aleja del contén
donde estoy parado como la absurda
muerte que obedezco en frío.

SAB / *pollex infestus*

¿Ese sitio?
¿Quieres ir a ese sitio?

only lovers left alive
Lo hemos visto todo sin tocar la sangre.
Colonia de neón que los practicantes machos no quieren
    salvar.
Palabras que anuncio en mi conciencia.
Antes de la última noche que me separa del palo.
Movimiento del golpe que no veo.
El palo de un practicante macho es lluvia.

¿Ese sitio?
En ese sitio es que vivo.
Ven.

the lovers
No me veo en ese sitio.
Y grito un tiempo largo.
«En la cabeza la calle ardiente».
Me grita Maiakovski.
Sólo quiero besarlo por un tiempo largo.
Le grito y entro a la caja.
Etta James
Nina Simone
Tom Waits

dentro de la caja.
Bolsas inflables
dentro de la caja.
Beard oil
dentro de la caja.
Yo recostado al mareo final.
Al mareo de las mujeres tatuadas.
Al mareo de las mujeres que no gritan.

¿Ese sitio?
En ese sitio hoy me corté la barba.
En ese sitio crece rápido.
Yo escribía —ese sitio—, en el borde mismo de la periferia.
Los practicantes machos no ven el desplazamiento del golpe.
Movimiento lento.
Sitio que no levanta el venir de las partes.
Es la noche que no se ve.
Son tus piedras ese sitio que no toco.
Esta es mi esquina.
Aquí puedo lucir triste y desnudo.

CRISIS ISLAND
No le hagas daño.
Siempre seremos un gran parque.

pass on the torche
Caminas sin tu memoria.
Decides grabar el camino a casa.
La casa está cerca.
No como la memoria que se apaga.

En el parque hay un pedazo de muro metálico.
Incrustado al césped como única metáfora.
Aquí es el Living Arts.
Aquí no quieres entrar.
Aquí hay una flor amarilla y es para ti.
Te avergüenzas del humo y lo lanzas.
De tus manos cargadas.
De tus manos que no son tuyas ni de noche.
Cruzas.
En los buzones no hay nada para ti.
A esa biblioteca no vas entrar nunca.
Seguirás contemplando tus pies que se acercan.
Todo esto es tuyo y no lo recuerdas.
Comienzas a sentir el sonido del viento.
Con la cara fría.
Con error.
Borras el camino.
Subes.
Sabes que nada existe.
No queda espacio.
Todo tu orine está en la cama.

Quebradillas
Así me llamaron, pero lo he ido quitando.
A ése lo mataron cuando dejó la isla.

Rincón
Aquí puedes rezar.
Arrodillarte.
Llorar con el coro.

Entregar tus flores a la homilía.
Tus kilos de cada año.
Dejar de ser niño.
Dejar la isla.
Dejarla porque la madre la atiende.
La madre implora.
Sopla el ron con fuerza.
La madre no puede dejar la isla.
No puede morir como mi nombre.

Arroyo
Aquí empieza el silencio de la isla.
Mi nombre que esa voz ama.
Aquí me olvido porque no soy −ese sitio−.
No sé para que pido ser hijo.
No sé qué hacer con el silencio de frente.

CRISIS ISLAND
Cueva sorpresa.
Calientaplatos.

¿Ese sitio?
Cuando es niño no habla.
Empuja los ojos contra la arena.
No escribe.
Come.
Salta la ventana y se cierra.
Cuando es −ese sitio−, sostiene su palo.
Con la fuerza de los ojos contra la arena.
No escribe.

Cruza las piernas.
Vuelve a tachar la inocencia –ese sitio–, contra mis ojos.

CRISIS ISLAND
Quiero terminarme.

¿Ese sitio?
«levanto el cráneo lleno de versos»
Me grita Maiakovski y se va.
Me deja solo y vuelvo a la ventana.
La espalda se tuerce.
La realidad no escapa.
No justifica el desconocimiento de estar.
Vuelvo a la ventana.
Sin filtro, en silencio.
Virándome.
Lo hago otra vez.
Me viro, ido.
Sin conocer la voluntad.
Ni el dolor de los practicantes machos.
Ese sitio que se arrebata contra mi yo.

Aguada
El nombre es ese sitio
donde crece un Dios que no aparto.

Aguadilla
El nombre que viene.
Versos sin entender que la madre relee.

Orgullosa isla que no siento.
Que viene desde mi nombre que veo en la calle.
Abstraído.
Mirando la asquerosa traducción de la verdad.
Esto es lo que eres.
Lo que vives para no tocar.
Reteniendo lo que soy.

Go to sleep little baby
—ese sitio—, de la voz.
Que sólo es escrita.
Quédate conmigo.
Demora el orine que no te dejaré.
El texto se revela cuando nada existe.
Cuando no siento.
Creo perderme a —ese sitio— desde tu boca.
Donde días antes estaba mi culpa.
Con pena te llevas mi cabeza.
Amanece.
Muerto el ser, —ese sitio—, que ha olvidado ir a la cama.
Amanece.
Hueco abierto, —ese sitio—, practicante macho.
Que no se niega.

     CRISIS ISLAND
     Ahora no cierres la puerta
     Quien ibas a ser está aquí.

¿Ese sitio?
Ese sitio, era que borro.

Saco la cara con los ojos que lloran.
Ese sitio, donde me guardo.
Sin pensar.
Sin moverme.
Los practicantes machos son los que reaccionan.
Creando desde el punto que se aleja.
Colonia que pide muerte.
Piden muerte mis ojos que bajaron.
Yo bajando a –ese sitio– tuyo pido muerte.
Donde eres infierno con las pastillas en la mano.
Dolor que se tambalea.
Inconforme dolor del miedo.
El dolor del mártir.
Ese sitio, que ahora corto.
¿He llegado al mar?
Cambia un lado a la vez que abro los ojos.
No eres capaz de levantarte el cráneo lleno de versos.
Me grita Maiakovski desde la mendicidad.
Cierro la ventana.
Cierro la mano que sostiene las pastillas.
Los practicantes machos logran la estabilidad.
–ese sitio– que opaca la música.
Donde llega a morir lo escrito.
No soy esta palabra.
Me borro.
Hago flexiones de pecho.
A todos los practicantes machos los llamo como parte del
    pasado.
Te nombro sin hablar del tiempo.
Sin pedir desde lejos el corte de mis manos.

Manos falsas.
Manos que llevan flores.
La creación se revira sin Dios.
En mí –ese sitio– que me entierro.
Los practicantes machos no existen.
No hay otra cosa que el infierno.
El mismo que sin dormir representas.
Viendo las mandíbulas de los últimos practicantes machos.
Desapareciendo.
Que como brazo de mujer separa.
No seas maldito, dice el pasado.
En un nuevo intento de preocupación.
Con fuerza es la agonía
ese sitio, que poemas.

Sió / *swallow*

Me empino para representar el cierre.
Meto los dedos en el culo del practicante macho.
Meto la mano que pide palma.
Mimi, bocarriba, mira.
Los practicantes machos bailan entre ellos.
Los que bailan sudados, manoenzipper, no levantan.
Nada se escribe.
Nada es futuro.
Nada doble.
Pago la línea y entro.
Es Dundas St., así que deja la pose al tiempo.
Es Conford Zone, hoy skip line.
Soy yo, y entro.
Tiempo usado en lo escrito.
Tiempo que me deja ser practicante macho.
Bailando en la reja con el primer escalofríos.
Obsesión que en el reflejo crece.
Folí-culo-muerto-que-no-reemplaza-la-pastilla.
PHANA
Boca virada que no es real.
Phana que no miente.
Phana que me vuelve a la misma posición.
Sin desespero del pase.
Rodillas contra el piso.
Phana escrita que crece.
Bocarriba crece.
Dentro de lo que no es muerte cuando bailo sin camisa.
Cuando bailo sin camisa todos hablan.

Cuando bailo sin camisa todo es distinto.
¿Todos hablan?
¿Y la historia?
La historia preocupa al practicante macho.
Cómo es posible entender la historia sin camisa?
Cómo es posible hacer uso de la razón, bailando fucked up.
Apriétame el cuello.
Eso no es posible.
Eso no es poema.
No quiero poema.
Quiero phana.
Sólo aprieta.
También golpéame la cara.
El golpe siempre es posible.
Con un golpe me vengo.
Aprieta que el tiempo es una voluntad perfecta.
Tiempo practicante macho.
Mimi, bocarriba, pregunta:
¿Vivir o escribir?
Bajo la cabeza.
Bajo estatua escondiendo las pupilas.
Phana dilatada.
Piensa si vas a escribir:
que temblando como luz prefieres caer espeso.
El peso estatua cae.
Peso brazo que pide palma.
Peso cucaracha blanca.
Peso representar muerto.
Sien que ni abajo limpio.
Peso tiemblavenas.

Peso que corre.
En el peso pongo la boca.
Lo prefiero.
Poner mi boca estatua.
Sin tiranía.
La tiranía es una phana?
El practicante macho me restriega.
Ya son varias noches de phana escrita.
No hagas preguntas.
No dejes de apretar.
Reconócete hijo.
Con el mismo n(h)*ombre* de los primeros años.
Imágenes consecutiva de los dientes.
Los dientes que ya aparecen como una imperfección que
    es leve.
Que no muestras como los teipes.
Peso destrucción del n(h)*ombre*.

www.ingramcontent.com/pod-product-compliance
Lightning Source LLC
Chambersburg PA
CBHW022032080426
42733CB00007B/813